JN411071

타클라마칸의 바람개비

문학의전당 시인선 ❹❶
타클라마칸의 바람개비

초판인쇄 2007년 12월 25일
초판발행 2007년 12월 31일

지 은 이 김효경
펴 낸 이 김충규
펴 낸 곳 문학의전당
출판등록 제387-2003-00048호(2003년 9월 8일)

주　　소 152-841 서울특별시 구로구 구로6동 97-1 로얄프라자 206호
전화번호 02-852-1977
팩시밀리 02-852-1978
블 로 그 http://blog.naver.com/mhjd2003
전자우편 mhjd2003@naver.com

ISBN 978-89-91006-78-2 03810

* 이 책은 경기도 안산시 문화예술진흥기금을 받았습니다.

김효경 시집

문학의전당

自序

불 켜진 집들의 창문을 기웃거리다 따뜻했던
시간들을 엮어 본다. 시베리아를 거쳐 온 봄비가 대지를
적시며 구석구석 스며든다. 새들은 하늘을 날기 위해
뼛속까지 비운다고 했던가,
가슴에 꽃 한 송이 피우는 일이 어려운 나는
속수무책인 채로 햇살 엮어 하늘로 날아오르는 꿈을 꾼다.
꿈이라는 이름으로 봄을 여의고 가을을 보내며
시집을 묶는다.

깊어진 가을 날에 고잔 뜰에서
김효경 씀

차례

1부

2부

3부

4부

1부

계단 위의 파도

봄비 내리던 날
변두리 미장원에 가서 머리를 자르고
추위를 자르고, 시선을 자르고
이기심을 자르다가
기죽지 않고 나부끼는 바람을
대견스럽다 생각하면서
나뭇가지에 앉은 빗방울의 둥근 무늬를
유난히 쓰다듬고 싶어진다
허리 굽힌 하루가 또 멀어져 간다
발길은 산을 오르고
안개는 왔던 길을 지워버린다
오늘도 타협과 손잡지 않으려 몸서리치다
자폐증 환자처럼 정적을 빼 먹고
회색빛 도시를 진통제 삼키듯 꿀꺽 삼키며
변두리 미장원에서 머리를 자른다
바다 냄새를 맡아 본 지가 언제였던가
부피만 커진 몸뚱이가 계단을 오르다
쪼그려 앉은 파도소리 건넌다
맨발로 아침을 걸어 본 적이 언제였던가

민들레 웃음

파산신고 서류 정리하고
아파트 담보 서류 가방에 챙겨
고개 떨어뜨리고 들어간 203호 아저씨

가재도구 깨지는 소리와
울음소리로 아파트를 정전으로 몰고 간
806호 부부

암에 걸린 아버지 간호하려고
병원으로 거처를 옮긴 1002호 어둠

엄마는 노래방 도우미, 아빠는 대리운전기사
1004호 홀로 남아
밤늦도록 텔레비전과 시간을 보내는
지훈이가 사는
경기도 희망시 웃음동 민들레 아파트

화단 앞 깨어진 블록 사이에
노오란 민들레가
마음의 백지에 빼곡히 적힌 반성문을

잠시 접어 두고
근심 쪽으로 기운 아파트를
맑은 눈으로 바라본다.

타클라마칸에서 온 메시지

—낙타

내가 하는 일은
타클라마칸*의 메시지를 찾는 일이라
오늘도 사막을 걷는다

지나온 길을 찾기 위해 나는 늘
되새김질을 해야 한다

일찍이 누군가가
내 몸속에 파 놓은 목마름이 있었나
끊임없는 갈증에도 길을 가야 한다

갈증이 남아 있다는 건
내가 살아갈 수 있는 유일한 힘이다

사막의 갈증을 저장하는 일도 내 몫이라
모래바람의 경전을 풀어야만 한다

어느 날엔가 그래, 그렇게
당신이 보일 때면
내 몸의 우물을

긷게 될 것이다

*타클라마칸 : 모래사막 가운데 하나로 중국 타림 분지 중앙에 있으며 27만 2,000㎢의 면적을 차지하고 있다

시의 뼈

철로 옆 개천가 미루나무엔 산비둘기 한 마리 날아와
구슬프게 울기 시작했어
동무들은 팽이치기와 독잡기놀이*에 바빴지만
나는 미루나무 그림자와 노는 시간이 많아졌지
노을에 시선을 빼앗긴 채
서녘 하늘을 서성거리는 버릇이 생겼어
열쇠가 채워진 일기장을 뒤적이면서
지도에도 없는 성을 찾아가곤 했어

뒷마당 마른 우물에 목말라하며
야윈 하현달에게 처진 어깨를 누이기도 했지
욱신거리던 뼈들은 붉게 타버린 가을의 잔해 속으로
온밤을 건너기도 했어
초가지붕에 앉은 별들이 강물 속으로 떨어졌다가
새벽녘이면 자라나는 걸 보았지
바람소리만 앉았다 떠난 미루나무 가지에
날아가 노래 부를 시간이 된 거야
우울한 날은 가늘고 야윈 목소리로
비 오는 날은 투명한 저음으로
햇살 이는 날은 매혹적인 하이톤으로

눈보라치는 날은 경쾌한 스타카토로
꿈을 꾸듯 탈골되어 날아가는
내 희디흰 뼈

*독잡기놀이 : 공기놀이와 비슷한 놀이

빗방울의 숨

빗방울이 정을 들고
똑똑똑 바윗덩어리를 깎다가
단단한 바위에 실 바늘을 꽂습니다
바위는 서서히 금이 가고
산고 겪는 소리
지구 밖까지 이어집니다
나는 그 소리를
물방울이 꿈꾸는 소리라고 하기도 하고
별과 사랑을 나누는 소리라고 생각하기도 하면서
구름의 통곡 소리로 듣기도 하고
돌이 저 혼자
그리움을 삭히는 소리라고 생각하기도 합니다

별들이 따스 체온을 물속에 넣고
가는 저녁입니다
모서리가 닳은 돌들이
처진 어깨를 맞대고 잠을 청하는 밤
오래도록 낮은 곳으로 흐르던 빗방울이
정을 내려놓고
어울러 같이 살자고

물을 분해하고 있는 한밤중입니다

바다가 산소를 낳고
지구의 자전을 눈치 챈 밀물과 썰물이
밀려가고 밀려오고
내 몸에서도 똑똑똑 물방울 소리 납니다
이 소리를 물방울이
나를 깨우는 소리라고 생각하기도 하고
바다가 외로움을 달래는
소리라고 생각하기도 하고
지구가 숨 쉬는 소리라고 생각하기도 합니다

교실청소

지우개도 연필도 책가방도
다 집으로 돌아간 텅 빈 교실에서
아이들이 버리고 간 종잇조각들을
쓸어 모은다 왼쪽 둘째 줄에선
창 밖에 시선을 자주 빼앗긴 엄마 잃은
유선이의 아픔을 쓸어 담고
틈이 벌어진 마룻바닥 먼지와 함께 꽂힌 글 못 읽는
기웅이의 콧물 묻은 휴지를 쓸어 담고
매일 교실을 난장판으로 만든 꾸러기 삼총사
지민, 명진, 윤수 장난기를 모아
쓰레받기에 담는다
할아버지 갖다 드리려다 놓고 간 형규의 우유와
이물질이 섞이지 않은 아이들의 웃음이
교실 가득 쓸려나온다

허무의 늪

길 없는 길에서 바람을 엮던 목공이 제 길을 깎아내고 있다. 부처님 손에 주름진 휴식을 얹어놓고 땀을 닦는 사이 경내에는 망치질 소리 기둥에는 햇살 부스러기가 쌓인다. 자식과 부인 앞세운 사바세계에 발을 내려놓지도 눈을 붙이지도 못하고 부처님 앞에서 정진하던 목공의 독경이 은행나무의 무늬 속 고통을 깨닫고 한 겹씩 대패의 칼날로 부서진다. 쥐들이 부처님의 번뇌를 파먹는 동안 목공이 걸었던 젓은 길들이 사라진다. 열반에 들지 못한 오랜 이별이 동안거에 들어 바람을 새기고 옻칠을 하면 굳은살 박인 목공의 손길은 더 여물어져 이승의 꽃길 새긴다.

숨바꼭질

좀처럼 비켜설 줄도 모르던 꽃샘바람이
몸살을 털고 일어나 나뭇가지마다
햇살 걸어 놓던 날 아침
게으름 깨워 밖으로 나갔지요
지푸라기 물어 나르느라
미워할 줄도 시기할 줄도 모르던
직박구리새들이 휘리릭 날아오르고
아지랑이 슬그머니 금 간 담장 휘감더니
꽃향기를 허술한 골목 안으로
마구 밀어 넣었어요
연탄재 끌고 가던 황사바람이며
지하로 숨어들던 낙엽과 곰팡이 불러
숨바꼭질 하자 했지요
가위, 바위, 보,
숨바꼭질은 시작되고
하나, 둘, 셋,
모두 다 숨었니

땅거미가 웃음 찾아 나섰을 때
꽃 속으로 몸을 감췄던 황사바람

하수구 옆 바스락거리던 낙엽
환기통에서 돌던 곰팡이 냄새가
그늘진 골목을 깨우며 뛰쳐나와
봄 기둥을 "땡" 쳤어요
뒤를 이어 보랏빛 귓불을 한 제비꽃이
노오란 기저귀를 찬 애기똥풀이
마지막으로 성충의 단계를 끝낸 나비가
날개를 접었다 펼치며
야도,
야도,
야도

숨은 그림 찾기

바람이 죽은 가지들을 팽팽히 잡아당기던 그때
누군가의 심장을 향해 걷고 있었던 걸까요
불빛을 향한 욕망은 한없이 부풀어 올라
흠칫 뒤를 돌아보았던가요
풀잎들의 신음 도로로 질주하는 사이
눈을 뜬 채 몇 번이나 발을 헛딛고
건물에 부딪치고 하수구에 빠졌던가요
앞이 보이지 않아 눈을 감고
본능의 촉각으로 안테나를 세웠지요
하루에 두 번씩 투석을 해야 하는
떡볶이 집 아줌마가 30촉 전구를 환하게 밝히고
자폐증에 걸린 손자의 길이 되어주는
구두수선 가게 영구네 할아버지가
잔기침으로 골목을 켜고
양쪽 다리 잃은 봉수 총각
몸통으로 끄는 수레
싸구려 흘러간 노래에 잠이 깨는 아침
눈을 감고 오래 걷다 보면 주위 모든 상처들이
풍경이 되고 등불이 되는 것을요
걷고자 했던 길들은 보이지 않고
길에 핀 꽃들을 향해 홀로 돌진하고 있었지요

가을이 걸어가는 길에는

자신의 그늘을 말리려는
언어들이 줄지어 선다

말
플롯
에이런*
카타르시스
빗방울 소리
아이들 웃음소리

*N.프라이의 『비평의 해부』에서 희극의 유형적인 인물로 외형상 약하고 겸손하고 못난 체 하지만 영리한 인물

봄볕의 언어

—앵초꽃

화면 가득
토담으로 이어 만든 창 아래
갖가지 꽃들이 화사하게 피었다

거친 언어들이 화살촉을 달고
독기를 품어 내더니
겨우내 얼어붙었던 햇살 한 줌
컴퓨터 속으로 잠입해 들어갔나
황사바람 걷어내며
잎이 둥그런 꽃들을
더 짙고 커다랗게 피워낸다

어떻게 찾았을까
초록 언어

힘내세요
사랑합니다

행간마다 숨어 있던 씨앗 한 톨
자존하고 있는 마지막 쉼표

너를 믿는다
꽃아,

이명耳鳴

팽팽한 시간을 잡고 있다가 놓는다
시간이 탱~
소리를 내며 튕겨나간다
숟가락 놓기 바쁘게 그릇들 움직인다

칙칙 압력 밥솥은
무심한 소리를 수증기로 날리고
세탁기 돌아가는 소리
청소기 돌리는 소리
커피포트 물 끓는 소리

우 우-
햇빛인 듯도 하고
물결인 듯도 한
여자라는 이름의 유전자로 굳어
핏속을 떠도는 이명耳鳴

프로이드의 「꿈의 해석」

—어머니

언젠가 꿈을 꾸었다
티그리스강과 유프라테스강 사이에
한 그루 나무가 서 있었다

갖가지 기호들이 출렁이던 물살에
부스럭거리며 일어섰다

부서지는 기호들을 잡으러
손을 뻗으며 물속으로 들어갔다
이윽고
출렁이던 물결 속에서
낯익은 문자들을 건져 올렸다

어렸을 때 놀던 녹지대
허우적이다 쉬어가던 바위
생명을 이어주던 어머니 자궁 속

이집트로 가는 물줄기
바로 나의 본체
세계의 중심지였다

간이역엔 바람이 산다

떠나보내도 늘 흐릿하게 남아 있던
기억들이 머무는 간이역엔
양은주전자 뜨거운 숨 거칠게 쏟아내고
졸고 있던 늙은 역무원 뒤로 흑백영화처럼
구름 몇 점 싣고 기차가 들어온다.

닭똥 소똥 거름 냄새
하나 둘 대합실 빠져 나가면
산그늘 깊숙이 길 잃은 심장이 살고
신경통 앓던 내 첫 사랑이 살고
끝내 가 닿지 못할
정 깊은 그늘이 살고

유리창 가득 성에 키우던 간이역은
늘 바람 소리 지울 꿈을 꾼다.

원관념과 보조관념 사이에서
—벽

어둠 속에 풀벌레 소리 환한데
낮과 밤이 가깝다며
너 괴물처럼
빛과 어둠을 차단하고 섰구나
시간

어둠이 곱다 말하는데
무표정의 마음 금 긋고 선
봄바람 불어 아프다고
더 높이 벽 쌓는구나
통로

사과꽃 층층이꽃 곱게 피어
네 잔등에 올라 휘살거리면
너 그때야
마음에 묶은 쇠사슬 풀고
담장 무너뜨리겠니
달빛

겨울 십리포

짧아져야 할
상처의 발목을 잡아먹는 해를 따라
늘어진 쇠사슬 끌며 처벅처벅 들어선다
맨발의 파도가 갈매기들의 눈망울 지우며
소주 몇 잔의 기운으로 벌건 포구를 삼킨다

개펄이 바다를 잠식하는 동안
다시 내일을 찾아 부랑의 길로 들어서야 할
발걸음 다독이며 소사나무는
목구멍에서만 맴돌던 갯내음 덥석 물고
구봉도로 방향을 튼다
빗물과 눈보라가 분노와 함께
주머니 속에서 와르르 쏟아져 나왔다

폭풍이 일었다
부서지기만 하는 파도를 향해
쓰러지기만 하는 노을을 향해
늙어가는 포구를 향해
잠시 뒤 행간을 구분할 수 없는 비명 날리며
바다 그 짜디짠 바람 속에 나를 던졌다

서늘한 살인이었다

그 어떤 사건도 접수되지 않은
구봉도 지서 문을 열고
딱쟁이 앉은 돌덩이 하나
덩그러니 내어놓는 겨울 십리포

길은 시계 속에서 맴돈다

길들이 늪에 빠진 정류장을
태우고 떠난다
세모의 끄트머리에서
숫자를 떨어뜨린 달력을 본다
길들이 속력을 낸다.

숫자 사이를 어둠과 햇살이
앞서거니 뒤서거니 따르고
그 뒤를 이어
길을 태운 관광버스가
미끄러지듯 들어온다.

시간을 빠르게 감고 돌아가는
레코드 음을 먹고
바람은 남으로 불다가
제 돌아왔던 곳으로 돌아간다
길들이 멈춘다.

꽃들은 나른한 오후를 걷고
영화 속 주인공들은

스피드 게임을 즐기고
스낵코너 창가에 핀 바이올렛이
느릿느릿 햇살 읽으며
시집 한 권 입력하는 한나절
바람개비가 돈다
길들이 지워진다.

닿을 수 없는 성

자음과 모음들이 끌고 가던 일상과
아등바등 날아오르던 먼지도
침대 밑이나 장롱에 밀어 넣고
파도에 걸린 노을 찾아
서둘러 액셀러레이터를 밟는다

세포들이 일제히 바람을 향해 피부를 연다
유토피아로 가는 길 ⇒
'300M 지점 11시 방향에서 우회전하십시오'

구불구불 강줄기
아름드리나무와 숲
밟으면 밟을수록 산은 깊어져
구르던 돌덩이 하나 피돌기를 멈추고
수면 밑으로 가라앉는다

한기를 느끼던 새벽
구름 사이로 숨어들고
목젖까지 차오른 울음 털어내며
강을 깨운다

밤을 꼬박 세운 몸으로
발소리 죽여 가며
산사태로 무너진 나를
가만가만 어르는 운무

물줄기로 돌다 풀어진
경계 없는 城에서
부서져 내린 어둠을
고스란히 받아내며
안개가 먼저 배낭 챙겨 메고
길 나선다

우기雨期를 지나며

우기 속의 삶을 청산하려고
파산 신고 서류 가방에 넣고
길을 나섰다

가야 할 길은 멀어지고
다니던 길마저 폭우 속에 지워져
아득해지던 시간

차라리 폭우처럼 무너질 수만 있었더라면
한 가닥 지푸라기라도 붙잡고
흘러갈 수만 있었더라면
발길 닫는 곳 어디라도 쏟아지고 싶었다

흙탕물에 젖어
이 밤 흘러 어디로 갈거나
재해 예방을 알리는 뉴스 속보는
난파된 내 삶을 에워싸고
목을 조여 오는데

주춧돌 하나 세우지 못하고
무너져 내려
또 다시 우기 속에 갇힌 나

이 밤 어디로 흘러가야 하나
생의 심연을 관통하며
굵어지는 빗줄기

문신文身

—장미

지나온 길은 언제나 아득해 지고
다가올 하늘은 푸른 꿈이지
오늘도 팔을 쭈욱 뻗어
하늘을 가리키고 있어
멀리 바라보는 눈초리는 언제나 빛나는군
입술은 달콤하고 부드럽고
내미는 손은 온통 붉은 색이군
내 몸은 가시투성이
그럼 이제 나와 손잡아 볼까
주머니 깊숙이 꿈틀거리는
내일을 넣고

2부

잠시 멈추어 서다

건기와 우기에도
단단히 잠가 두었던 문을
불혹의 나이에 연다
빛바랜 사진첩이
모래알처럼 흘러 나갔던 햇살과
낡은 의자를 끌어와 앉히고
창마다 가득 그리움 불러들인다
투박한 찻잔 속 국화 향기는
먼지 쌓인 돋보기 들고 나와
잿빛 구름 읽는다
철둑길에 떨어뜨린 개망초의 눈빛도
수인선 간이역에서 서걱이던 억새의 울음도
모서리가 기울어진 창가로 내리치던
빗줄기의 아픔도 따뜻했노라고
뜰 안 가득 풍경 흔들며 바람이 인다
건널 수 없는 시간을 덩그렇게 놔두고
나는 또 다시 기억의 빗장을 건다
어느새 처마 끝에 눈물이 매달리고
우산이 길을 메운다

정현종 시인의 「섬」을 읽던 날

1.

지친 창을 통해 오후의 햇살이 뜨락에 날리던 날
해거름 따라 인사동 푸른 골목에 들었지요
골목은 조금도 늙지 않고 팽팽한 피부를 자랑하며
낡아버린 발자국을 젊은 인파 속으로 밀어 넣더이다
간현리 간이역서 멈춰버린 녹슨 기차의 문을 열고
찻집으로 들어섰지요
골짜기마다 고랑 내고 떠났던 먹구름이
철조망을 뚫고 막 밀려오더이다
큰 욕심 없이 기찻길을 걷고 싶었지요
철썩이는 파도에 잠시 손 담그고 싶었지요
막차로 떠났던 당신은 섬과 섬 사이에서
정지된 시간을 나르고 있더이다
닳아 버린 조약돌을
정들면 안 된다며 옮기고 있더이다
그림자 드리운 바다 쪽으로 발길 돌리더이다

2.

바다 한가운데 떠 있던 작은 섬들은
밤새 슬픈 술잔을 돌리다
휘청이는 버스에 몸을 싣고
물새 울음 실어 나르던 좁은 골목길엔
빗줄기 전전 굵어지고
도무지 젖지 않던 거리의 신호등은
읽혀지지 않는 신호를 보내더니 끝내 깜빡이고
인사동 골목에 섬 하나 둥둥 떠내려가더이다
설설 끓기 시작한 해장국집 처마에서
비를 피하던 굴뚝새 한 마리
그렇게 그렇게 떠내려가더이다

3.

사람이 그리워진다
손 내밀면 다리가 이어져
육지가 된다던 사람의 섬

체온을 나누던 섬 아닌 섬
이따금 목울대를 타고 올라와
온몸 아프게 울어대는
그 섬에 한나절만이라도 머물고 싶다
사람들 사이에 섬이 있다. 그 섬에 가고 싶다*

*정현종 시인의 싯귀

겨울에게서 온 편지

지난 겨울이었지요
당신이 들려주었던 꽃의 노래가
갈대와 함께 쓰러져
울고 있었어요

기억하고 있었더군요
추위 끝에 기울이진 가난한 지붕들
까치 발자국 새겨 넣은
수묵화 한 점

반짝이는 햇살 편에 보내온
물 냄새
바람 냄새
봄 냄새

이별, 그 이후

쏟아지는 소음 속에서도
자꾸 창밖을 응시하던 여자
구석에 세워 두었던 시간을 넘긴다
허허로움 삼키던 나뭇가지
먹구름 밀려오는 소릴 듣는다

어둠 속에서 흔들리던 별빛
여자는 애써 별빛을 외면하며
흔적을 지운다

햇빛과 그늘 사이
구름과 비 사이
미움과 증오 사이
그리움과 무관심 사이

무거운 발걸음 끌고 계단을 오르던 여자
똑똑 발자국 소리에 박히고 싶어진다
소낙비가 여자의 발자국을 따라
창가로 흘러든다

단풍, 물들어가는

구절초 향기 익어가던 날이었던가
마을에 지독한 전염병이 돌고 있다는
소식과 함께 그는
저녁 늦게 가을햇살 몰고 마을로 들어왔다
소문처럼 무성한 안개 피우고
키 작은 꽃들을 일으켜 세우고

전염병에 감염된 나무들은
누렇게 말라 가거나
빨간 반점이 생겨 상처를 지울 수 없다
벌겋게 부푼 홍점 지우려
우듬지 나무에 대고 박박 문질러보다가
땅거미 빛을 포식하던 늦가을 산길을 걷다가
바람도 사랑에 빠지면
벌겋게 물드는 거라고
떨어진 낙엽 한 잎 주워
나무에 가만히 얹어 본다

한 계절이 문을 닫으면
또 한 슬픔이 문을 연다

오후 두 시의 햇빛, 그 사이에 잠깐 가을

당신이 날아와 앉았을 때, 시들어가는 낙엽
천천히 흰 구름을 몰고 왔을 때
기념사진을 찍고
하늘이 가벼워지고

낯설게 서늘한 바람과 손잡는
줄기와 잎맥
타들어 가는 잎맥 안에 웅크린 몸
집어넣어 본다 수맥 타고
땅 밑으로 뿌리 내리고

낙엽들은 뜨거움을 지나오면서
전혀 울지 않았다
잎맥에 붉은 반점 새기며 살아남아
불덩이로 들끓었던 푸르름
신을 만나고 싶었던 시간 위에
다홍색으로 채색하고

잔가지를 늘려가며
내 몸 어딘가에는 그 빛들을 새기며

이 가을이 서너 번쯤 건너가고 건너왔다
오후 두 시의 햇빛
그 사이에 잠깐 당신

상형문자의 시간

그를 알아가는 시간은 길었다
아니 짧았다 알렉산더대왕은
지중해에서 인도양까지
자신의 전생을 땅을 정복하는 데에 받쳤다
그를 알아 가는데
개미 한 마리 화단을 기어가는 시간까지
놓치지 않고 기록하고 있다
이집트인들은 파피루스에
자신들의 기록을 남겼지만
나는 그의 역사를 기록할 생각은 없다
아니 기록하지만
크레타인이 기록한 상형문자처럼
아무도 내 기록을 읽어내지 못할 것이다

또 다른 계절이 올 것이다
그래도 난 철 지난 바람 몇 점으로
풍화된 고사목의 이야기와
명치 끝에 난 못자국의 깊이와
넓이를 잊지 않고
몇 잎의 꽃이 지고 꽃이 피었다고

점토판에 새길 것이다
누군가는 떠나고 누군가는 남아
저 붉은 꽃잎을 해독하려 할 때까지
제물로 바쳐진 벌레들이 살아나고
새들이 하늘을 소독할 때까지

환절기의 언덕

봄바람이 꿈을 꾸러 잠깐 나선 저녁
너의 몸에선 강물 냄새가 났다.
하현달이 어둠 속에 우두커니 박힌
나를 끌어당긴다.
내 애인되어 줄래,
텅 비었던 하늘이 들어와
초록으로 물든 봄을 흐르게 하고
강이 되기까지
늘 위태로운 낮과 밤을 품어야 했던
너의 침묵이 흐르고
달빛 저편으로는
늘 떠나기만 한 기차가 지나갔다.

두 번 다시 만날 수 없는 꿈을 안고
돌아 온 하루
내일 또 강에 나가면
더 굵어진 물줄기로
나지막이 흐르는 너를 만날 수 있을까
새벽잠을 설친 봄바람이
목탁소리에 젖은 물소릴 건네주며
수행 길에 오른다.

복사꽃 진 자리

한참 동안이나 눈치 채지 못했어요
봄날이 내 몸에서
빠져나가고 있다는 걸

바람은 나를 지나 숲으로 갔어요
붉은 꽃들은 숲을 안고
실개천으로 건너갔고요

연붉은 꽃잎이 시간을 품었을 땐
꽃들이 지나간 자리는 더 붉어
복사꽃 꽃망울 아팠는데요

내리는 꽃비와 함께
봄날은 가고
나는 한참을 서 있었지요
꽃이 진 자리로 가서
가슴을 가만히 대어 보았어요

슬픔의 아가야

햇살이 나뭇가지마다 깊어지던 가을
야간 자율학습을 마치고 나오다
저 세상으로 다리를 건너간
열다섯 딸아이 친구의 죽음을 생각하다
잠이 든 아이의 머리맡에서
내 어린 날을 읽는다

세상에 발 옮기기도 전에 나뭇잎들이
제 몸의 물기를 한 방울도 남기지 않고
떠난다는 것을 알아버린 아가야

바람과 길은 휘어져
어디에도 닿지 않고
스쳐간다는 것을 알아버린 아가야

길을 걸어 왔는데
그 길들이 남아있지 않았다는 것을
알아버린 아가야

바람에 날리던 단풍잎이 너무 슬퍼 보여

학교 운동장을 한 바퀴 도는
운구차마저 쳐다볼 수 없었다던 아가야

네 닭똥 같은 눈물을 닦아주는 것과
이불을 끌어다 덮어주는 일 외엔
할 말이 없구나
울다 지쳐 잠이 든 아가야

북극성을 바라보는 깊어진 눈으로
내일 아침 창문을 열어보렴
나의 아가야

가을 하늘을 읽다

가을 하늘, 버려진 폐가의 환부를
홍건히 스쳐가던 날,
메시지로 날아온 부고를 삭제하고
또 삭제하면서
애처롭게 박히던 눈빛
눈물 몇 방울로 털어낸다

차들이 하늘을 향해 질주하고 있는 사이
어제까지 웃어주던 그의 죽음
그 가슴에 품었을 사랑의 넓이를 생각하다가
손에 무언가를 들고 가기에
바쁜 사람들을 쳐다보다가
깔깔거리며 그네 타는 아이들의 웃음소리에
잠깐 한눈을 팔다가
어떤 허물을 벗고 살아
하늘은 저렇게나 청명한지
푸른 향기 내품는지
굴절되어 오는 빛을 읽는다

죽음은 또 다른 세계로의 통로인가

마음 내려놓지 못한 길
오래도록 걸었던 길도 사라지고 없다

당신 마음 곁으로
—바다

상처들이 저당잡힌
기억 속 잔해들을 쓸어내면서
나는 한 마리 포획된 짐승으로
당신 앞에 던져졌지요
구름들이 수평선에 걸려
빠져나갈 길을 찾느라
혼곤해 있을 때
파도소리 몸을 뚫고 들어와
꿈틀거리며 문 여는 것 보았지요

삼복더위에도 곯은 배 쥐어가며
김매던 고향집 자갈밭 푸르고
보랏빛 둥근 수틀 속
신혼살림도 깃을 치고요
이혼서류 만지작거리던 흔적도
떠나보내게 하고요
하루에도 수차례
태풍으로 쓸려 가버린
이 닳은 세간도 떠밀려 왔다갔어요

수면을 박차고 굴절되어 오는
햇살의 파편들
달려가 안기기만 하면
어느새 젖은 물기들이 날개를 다는
잠드는 것처럼 꿈꾸는 것처럼

귀뚜라미 울음에 꽃 피는 밤

詩만 파먹고 사는 사내의
길동무가 되겠다고 따라나선 거리
빌딩 사이에 반쯤 걸린 달이
사내의 처진 어깨를 비추더이다

사내가 술잔 가득 홀로
어둠 부어 마실 때
한 끼니의 허기를 달래러
소음에 지워진 사내를 상 밑으로
세상 밖으로
끌어내더이다

귀뚜라미 울음 잠자리까지 따라와
베개 밑에서 울음꽃 피우던 밤

3부

종이배

회초리를 맞은 아들이 물가에 나가
종이배를 띄운다
아들이 종이배 위에서 바람과 함께
흔들리고 있다

늘 갈망하는 물길이었으므로
종이배에 금은보화를 싣기 원했고
가볍게 흔들리지 않기를 원했으나
가끔 물망울이 튕겨져 들어와
종이배는 젖는 날이 많았다

회초리 들고 아파하던 어미의 무게를
근심 가득 실은 달빛 묻은 종이배
어디로 흘러갔는지 기억이나 할까

아들이 띄운 젖은 종이배가
회초리 자국을 싣고
멍들고 벌레 먹은 낙엽과 함께
계곡 따라 흘러간다

거미의 집

트럭 짐칸에 방 하나 드려
심장병 앓는 영미 엄마 싣고
새벽 일찍 도로를 헤매다 돌아와 눕던
골목 끄트머리 집 처마 밑에
비 온 뒤 거미 한 마리
촘촘하게 집 짓는다

이른 봄부터 시작된
영미 엄마의 복막투석 주머니를
한 손으로 받쳐 든 채 영미 아빠
마루 끝에 앉아 노는 영미 바라보다
'이번 일은 사나흘이 더 걸리는 배달이란다'
혼잣말인 듯 흘려 놓더니
영미 고모 손에 넘겨주고서
대문으로 발걸음을 옮긴다

며칠이면 돌아올 줄 알았는데
마당 가 대추나무에도
거미가 한 살림 차리도록
영미네 집엔 인기척 없다

태풍 에위니아가 영미 엄마와 함께 트럭을
통째로 삼키고 북상한 새벽
영미네 빈집 마당 여기저기
폭풍에 부서진 그물 수리하던 거미
달빛 타고 내려와
버둥거리다 지쳐버린
나방의 체액을 빨고 있다

영미 아빠
주섬주섬 옷가지 챙겨
마당을 나선다

휘영청 굳게 잠긴 빈집 자물쇠만
기웃거리던 보름달이
거미줄 위에서
빛나고 있다

겨울에 우는 두견새

두부와 요크루트를 믹서에 갈아
긴 호스에 넣는다

목을 뚫어 박은 호수를 따라
의식불명으로 살아온
남편의 삶

소독 냄새가
핏빛 노을 속으로 스며든다

친정집에 다녀 오던 밤
연탄가스에 중독되어
생사의 길에 선 남편

19년 동안 살아 있어 준 것이 너무 감사해서
방 안에 누워있게 만든 것이
너무 죄스러워서

욕창으로 등이 헌
남편의 마른 몸을 뒤집으면서

울음을 삼킬 뿐이다

차디찬 밤이 19년이나 지나갔다
음력 정월 열닷새 남편의 생일
바람을 열고 새벽 기도를 올리러 나서는
머리 위로 싸락눈이 소복이 쌓인다

흰 눈이 예배당 안으로
발길을 옮기는 날이었다

두견새가 더 낮은 자세로
엎드려 우는 날이었다

먼 길의 끝에 서서

거친 바다, 술잔에 흔들릴 때
나도 안다는 듯이 따라 우는 갈매기

바다에 던진 눈길 너무 깊어
먼 곳으로부터 젖어 오는 눈길

살아낸다는 일이 더욱
힘겨운 갈매기

오십 가까이 혼자서
노을이 쏟아놓은 피울음
차마 밟고 갈 수 없어
저 혼자 도는 바람개비 되어
등짝 들썩이고 있다

새가 울어 따라 우는가
밥은 먹고 사는가
詩만 먹고 사는 친구에게서
비릿한 바닷냄새 풍겨 와
애써 눈길 돌리는데

개펄 가득 붉은 그림자
서산마루로 기운 지 오래고
우린 모두 다 서러운 사람들
대기권을 통과하느라

어느 광대의 하루

오후 8시 30분 월미도 공원
빈손으로 저무는 등대 뒤로 비가 내린다
비에 젖은 광대의 눈동자는
몇 년을 건너뛴 듯 금세 초췌하다
분장한 광대의 허리춤에
대롱거리는 석유 담은 표주박이
행인들을 끌어 모은다
바다를 욱신거리는 허리춤에 넣고
한 끼니 해결을 위해
입에 머금은 석유에 불을 붙인다
하늘 향해 뿜어낸다
염치없는 갯내음이 시장기를 채우려
누더기 옷 속으로 숨어든다
한국동란 포연 속에
간신히 건진 다리 하나
검정 고무신 속에서
화약 냄새를 기억해 내곤
뒤뚱뒤뚱 박수갈채에 맞춰
불안한 걸음을 뗀다
잘려나간 왼쪽 발목의 아픔이

횃불로 활활 타오른다
기억의 한복판을 가로지르는 포성과
불꽃이 굴곡진 광대의 삶과 함께
제물로 바쳐진다
지뢰밭을 걷던 삶이
물구나무 선 채 되살아난다
근치 숲에서 놀던 바람이
작은 소용돌이를 만들며 지나간다
빈 하늘을 쓸어 담던 춤사위가
스러져가는 구경꾼들의 그림자 따라
동전뿐인 바구니 속에서 잦아들고
보도블록 사이론 희망처럼
기름 무지개가 뜬다

최씨의 염전 이야기

바람의 질책을 받으며 최씨는 당글개를 들고
비틀비틀 염전으로 향한다
허리 통증이 염전 바닥에 깔린
사각 틀 속으로 스며들더니 이내
눅눅한 소금기를 드러낸다

"저놈의 술 귀신은 왜 안 잡아가는 겨"
며칠 전 황천길에 보냈던
마누라 악다구니를 귓전에 흘리며
응고되지 않는 가난을 달래며
귀퉁이 물부터 훑는다
햇볕 한가운데서 여름내 졸아들어
술반장 최씨를 뒤뚱거리게 했던
흙탕물과 급류, 양식의 비곗덩어리들이
30℃에서 각을 세우며
정사각형의 결정체로 살아난다

악귀를 쫓고 생계를 발효시켜
방부제를 뽑아내고 싶었을
세상에 소금이 되어 스며들고 싶었을

최씨의 하루가
수시로 목을 죄어오던
아내의 흰 무덤 곁으로
시름시름 기어오른다

강화군 염전동 소금리
밀찌감치 물리난 데양이
붉은 지평선을 배경으로
최씨의 어깨에 깨알처럼 박혀있던
물기를 증발시킨다

*당글개 : 고무래의 사투리로 흙이나 재를 끌어당길 때 사용하는 도구

꽃이 진다

낯선 동네 들어서니 들려온다
간다 간다 나는 간다
북방고개로 여흐 여흐 여흐 꽃이 진다
애달픈 소리 따라 산길을 오르는데
가을이 안개에 쌓인 나뭇잎들을
하나씩 놓아주듯 기억을 깨운다

화려한 꽃상여 옆에서 세상 밖으로 밀려난
내 어릴 적 동무 명순이
울타리 탱자나무가 슬픔을 허물고 있는 동안
상여 밑으로 기어 들어가
엄마의 마지막 목소리
티끌 하나 묻지 않은 상여꽃잎 속에다 넣고
소꿉놀이를 시작한다
따끈따끈한 꽃잎 떼어 상 위에 올려놓고
아직 온기 남은 하얀 고무신 툇마루에 얹어 놓고

곱디고운 명순 엄니
만장을 앞세우고 떠나던 날 이후
먹고 사는 일이 녹녹하지 않은 명순이

꽃상여 지나간 성황당 밑에서
빈 하늘을 주웠다 버리길 수차례
교복 입은 친구들 중학교 가는 길
물일 하러 가던 길에 훔쳐보고
또 훔쳐보던 명순이

사십 넘어 시집 가 얻은 기쁨도 잠시
폭풍이 쓸어간 명순이 맑은 눈망울
우물로 깊어져 남편 상여 뒤따른다
눈물마저 말라버린 가을 숲이
길 끝에서 출렁거린다
상두꾼 소리
저승 가는 길에 꽃무늬 그려 넣느라
꽃상여 보내지 못하고
꽃이 진다 꽃이 진다

평화박물관 풍경 속 노시인

전쟁의 아우성을 멈춘
동두천 평화박물관
전시된 군용차 안에서
아이들이 놀고 있다

알고 있을까
타고 노는 군용차가
전쟁의 불구덩이에서
살아남은 잔재라는 걸

햇살은 아이들의 웃음을 물들이고
아이들의 평화는
단풍잎과 가을 하늘을 넘나들고

녹슨 철로 위에 선 늙은 시인은
현대사를 다시 쓰고 싶어한다

그녀의 텃밭

햇살이 그녀가 일군 파꽃을 터트리며
기찻길을 어루만지고 있던 어느 날이었습니다

암과 씨름하며 굴렸다는 그녀의 묵주가
날개 젖은 나비와 내 뜰에 날아들어
비바람에 찢겨나간 잎새의 아픔과
흰 줄기 바람 없이도 덜커덩거렸다던
창문의 이야기를
낮은 목소리로 풀어놓습니다

사경 끝에서 묵주 한 알 굴리다 숨쉬고
서른하고도 이 년이나 더 살게 해줘서
남겨 놓을 가족 없어 다행이라고
너무 작아 들리지 않던 그녀의 목소리가
두꺼운 벽을 뚫고 들어와
하루 종일 우웅거립니다

햇살 묻어 더 투명한 파꽃이
진통제 한 알 건네며
봄으로 가는 마지막 기차를 타려 합니다

순덕이

—위안부 역사관에서

그날 밤 치마폭 뒤집히고
하늘에서 별이란 별 다 쏟아져 내리고
동구 밖에서 엄마가 하염없이
순덕아 순덕아
부를 때 죽었어야 했습니다

폭탄 뿜어대고
벌겋게 핏발 선 일본군의 군화에 밟혀
찔레꽃 하얗게 떨어질 때
함께 따라 죽었어야 했습니다

사지가 다 찢긴 채로
그날 죽었어야 하는데
모질게 살아남아
구천을 떠도는 흰 구름 따라
이곳 퇴촌까지 흘러 흘러 왔습니다

조선의 딸로 태어난 죄밖엔 없어요
차라리 내 심장을 겨누세요
총과 칼이 내 몸을 관통해

지나갔더라면 덜 아팠을 거예요

내게 총을 쏘세요
흰 구름 따라가다
산마루에 깃 접고
고향 언덕에서 쑥 캐고
신날래꽃 따러 온
처녀들의 웃음소리 들으며
이제라도 잠들어 있게요

누가 발자국 하나 없이
저 길을 지워주세요
목련꽃 곱게 피어 휘날릴 때
한 마리 새로 날아오르게요

누가, 누가, 내 피 묻은
치마저고리 좀 묻어 주세요
아직 물 길러 간 그날의 긴 잠에서
깨어나고 싶지 않아요

별들에게 보험 들다

생명보험, 상해보험, 띠링띠링보험
광고를 들을 때마다 그의 귀에선 이상하게도
바스락 소리가 나곤 했다
그럴 때마다 그는 자신을 한번 훑어보고는
나는 억세게도 운 좋은 놈이야
거울 앞에서
한 달 전에 쓰러진 친구
마흔 살에 유명을 달리한
친구를 생각하다가
자기 최면을 건다

난 아직, 이상 없는 거지…
광고가 끝나가길 숨죽여 기다리다
부도 이후 새로 얻은
이삿짐 나르는 일과
하루 세 끼니 찾아 먹는 것도
대견한 듯 이삿짐을 들어올린다

한 달 만 육천 원이면
노후를 보장해 준다는데

각종 세금 고지서들이
장롱에서, 구둣장에서, 부엌에서
오뉴월 하지감자 매달리듯 매달려
비어 있는 호주머니 속을 후벼 팠다

요즘 들어 부쩍 안테나를 세우게 하던
보험 광고에 잠을 설친 그가
어둠을 들이마신다
늘 영하의 날씨를 지키던 별들이
황금알을 낳는 거위처럼
근심의 벽을 뚫고 섬광처럼 들어온다
로터리를 회전하다 그는
머릿속 얽히고설킨 회로를 정리하고
별들에게 보험을 든다
보장성이 가장 좋다는

4부

물의 기도 2

—어머니

강물에 떨어지는 물방울처럼
더하지도 빼지도 말라 하십니다

굴곡진 산기슭 지날 때나
낭떠러지에서 추락할지라도
바위에 내린 뿌리가 되라 하십니다

바람 일고 눈보라 몰아쳐도
당황하지 말라시며
새벽 종소리에
먼 바다를 그리워하라 이르십니다

네 꿈이 하늘에 오르기 위한 것이니
서둘지 말고 돌아가라
자분자분 어르십니다

갈매기 울음 슬프다 하던 봄비가
대지의 맥박을 짚으며
조용히 내립니다

물의 기도 3

강에 가거든
강물과 함께 흘러보아라
굽이굽이 강줄기
세상의 오물이란 오물
다 흘러들었어도
바다에 이르러선 푸르기만 한 것을

강에 가거든
아무도 눈치 채지 못하게
돌이 되어 굴러 보아라
다투는 마음
미워하는 마음
둥글둥글 깎여나가
맑은 물소리
들녘 채우는 것을

강에 가거든
산사태로 무너진 강둑이 되어 보아라
제 상처는 돌보지 않고
강 한가운데에

밤마다 마음 닦으러 내려온
별들을 품고 있는 것을

물의 기도 4

내가 낮은 곳으로 흐르고 싶다고
낮은 곳으로만 흐르는 일은 그리 많지 않았다
물살은 장애물을 잘 넘어 갈 줄 안다
궂은날 걷히면 졸졸 햇살 노래하고
밤낮없이 마음을 닦는다

목마른 사람에게 옹달샘 퍼주는 일은
내가 태어나서 한 일 중에 가장 잘한 일이라고
계곡을 지나던 바람이 일러주었다

까만 눈동자 가득 허공 담은
젊은 시인의 눈빛 안아 반짝여주는 일도
상 받을 일이라고 새들이 지저귀어 주었다

내가 물이고 싶었던 때는
마음 따뜻한 사람 안에 갇혀
온기 나누는 일을 하고 싶을 때였다

푸른 대지가 절절한 연서를 쓴 날이
내가 흐르고 싶었던 날이었다

낭떠러지를 품어야
당신을 만날 수 있을 거라고
아침부터 비는 속삭인다

물의 기도 5

지구를 살리는 온갖 푸르름처럼
자네는 살아남아
푸르게 푸르게 흐르게나

어두운 길모퉁이쯤 돌아갈 때
가슴에 꽃 한 송이 피우기 위해
굶기를 밥 먹듯 하는 내 친구 시인도
잊지 말게나

자네는 뜨거운 사람들의 꿈을 대신해
그 높은 벼랑도 거뜬히 넘고
큰 산도 어우르며 흐르지 않는가

물이 되기 전까지 수만 년
깊은 땅속에서 잠자던 거대한 용암이었을 거야
얼마나 든든하겠는가
부서진다 한들 변함없이 물이요
바스러진다 해도 여전히 물방울인 것을
그 오랜 세월 흐르고 또 흘러
강산이 되었지 않는가

힘든 길 자네와 함께 걷고 있다고 생각하면
발걸음 가벼워진다네
자네는 짐승도 살리고 들풀도 살리고
지구도 살리는 백신
바다를 키우고 있지 않는가

물의 기도 6

—詩

돈에도 의복에도
자릴 펴는 일 없이

평생을
거스르는 법 없이
버리고
닦고
뒤척이며
속앓이하는 병

증발하다 보면
언제쯤
물풀 하나쯤 키워낼 수 있겠지

벽화 속으로 들다

–무용총수렵도

빠른 회전문을 돌아 거대한 벽화 앞에 서서 뿌연 먼지를 닦고 벽화를 들여다본다 벽화 속의 청년들은 말을 타고 덩굴 헤치며 짐승을 쫓고 있다 말발굽 소리에 놀란 풀벌레가 미술관 벽 뒤로 몸을 숨긴다 우거진 수림을 찾아 사슴과 호랑이를 쫓던 젊은 전사들의 기상이 반짝인다.

전사들이 쏜 회살은 유리벽도 뚫고 달려와 미술관 입구 거대한 디지털화면 속으로 꽂힌다 번쩍번쩍 비디오 타워로 전송된 화면이 뿌연 담배연기 뒤집어 쓴 미술관 앞에 선 불량스런 청소년들을 흡입해 간다 정지된 화면 찌지찍 찌직— 비디오타워에서 송신된 전파는 힙합바지를 입은 아이들까지 용맹스런 고구려 후예로 다시 태어나도록 정문 앞에 걸린 태양열의 수레바퀴를 거꾸로 돌린다.

말의 고삐를 거머쥔 아이들이 미술관 밖으로 튕겨져 나온다 아, 역사는 젊은이들의 힘으로 살아났구나 목표물에 제대로 박히기 위한 화살촉이 시위를 떠난다.

겨울과 봄 사이

—개심사

맞배지붕에 갇힌 뜨락의 고요가
처마 끝에서 연꽃으로 피어나던
봄으로 가는 길 나무와 꽃 사이
표독한 찬 기운 받아내던 돌층계
부처님 찾아 경내로 발길 옮기더니
냉기서린 선방에서 참선을 시작한다

배롱나무 아래 면벽하고 있던 잔설이
어지러운 발자국 부려놓고
그늘진 도량 덮으면
칼바람 속에서도 죽비 맞으며
원시림을 꿈꾸던 늙은 소나무가
생사고해 깨치고 육체를 벗고 있다

산새 울음도 그쳐버린 골짜기마다
한 생이 걸어갔던 옹이 허물며
파고드는 세심동*
바람도 울지 않는 청정한 밀림
몸 씻고 마음 씻어 종루에 얹어 놓으면
절절한 물소리

더욱 밝게 보이는 마음자리 받아내어
산문 밖으로 내보낸다.

세심동 : 마음을 씻는 계곡이라 하여 부쳐진 이름

흔들릴 때마다 불의 흔적을 본다
—독도

1.

그날 나는 수평선을 열고 뱃고동 울리며 너를 향했고, 너를 만날 기쁨으로 내 몸은 잠시도 속앓이를 멈추지 않았다 너는 혼자서 어둠을 걷어내더니 바위 틈새마다 새벽을 새기며 나를 맞이했다. 우리는 어제도 만났던 것처럼 스스럼없이 이야기를 나눴다. 파도는 무사했고 바다는 완벽했다. 그 누구도 침범할 수 없는 수심이 해식동굴을 만들어 믿음직한 파수꾼을 세웠다. 구름이 바위의 허리를 감싼 멋진 풍경도 만났다. 누군가를 사랑하면 그 큰 덩치도 한 아름에 다 품을 수 있다는 것도 알았다. 새들이 바다를 윤회하는 동안 안개는 하늘도 지우고 바다도 지웠지마는 따슨 별빛 품고 있는 괭이갈매기 울음까지는 지우지 못했다.

2.

너를 떠나 버린 후 몸살을 안고 세상 밖으로 난 문을 잠그려다 햇살, 빗소리, 바람 소리 화석으로 켜켜이 새겼던 불의 흔적을 꺼내들고 다시 너에게로 간다 거친 비바람 현주소를 묻고 지나갈 때마다 갯메꽃, 날개하늘나리, 키우고 있는 네가 더욱

그립다 망망대해에서 회색 하늘을 탈출하기 위해, 루마치스 관절염의 통증을 허물기 위해, 씩씩하게 너에게로 간다.

동구 밖 햇살

1.

동구 밖 느티나무에
햇살이 주렁주렁 열리던 들길을 지나
조약돌 주워 나르던 신작로를 지나
다슬기 우물 지키는 고향집으로 간다

치매에 걸린 사람처럼
돌다리를 껑충 건너
책 보따리 매고 다니던 구부러진 그 길을 찾아
세월의 골목을 돌아
잡풀 우거진 마당으로 들어선다

벽에 걸린 망태기, 쇠스랑, 호미, 쟁기가
아버지의 주름진 목소리를 불러들여
등량만 푸른 바닷가에 끌어다 앉히고
매운 솔가지 피우시던 정지엔
가을 햇살 홀로 들어와
빈 아궁이를 지피다
어머니 다슨 숨결 얹어준다

2.

처음인 듯 걸어 다시 또 낯설게 돌아와
모두가 떠난 물방울 속에 잠겨본다
고향과 나 사이에 수심 깊은 우물이 있다
물 자락 소리마저 멈춘 뒤뜰 팽나무가
나이테를 늘려가며 세월의 굴절을 쓰다듬던
이제는 기억 속에서만 홀로 쉬는 휴식역

인생은 왕복 차표를 발행하지 않는다는
로망 롤랑의 시구를 읽으며
싸리 꽃바람 익어가는 울타리 옆에 앉아
시간의 궤도를 달린다
후박나무 우거진 길을 출렁거리며 하늘거리며

봉덕사의 봄

연초록이 하늘 휘감더니
나비 따라 경내를 빙빙 돌며
나풀나풀 날아오르고

반쯤 열린 김장독 사이
민들레 꽃잎 벙그는 소리에
겨울 절간은 금세 왁자지껄

처마 밑 불자들이 떨어뜨린 불경 소리
엿듣고 있던 제비꽃이
귀를 씻는 동안
뒤뜰에 버려진 기왓장을 보니
세월이 얼마나 깨지고 닳았는지 알겠다

버려진 기왓장 사이에서
돌나물이 노오란 귓불 터트리며
불경 외고 있는데
어슬렁거리던 개 한 마리
연산홍 킁킁거리며 꽃향기를 맡고

뒤뜰 해우소 돌과 돌 사이
마애부처 뒷짐 지고
똥 냄새 맡으며
빙그레 웃고 있다

시월의 숲

그곳에 가면, 아직 붉은 이파리 매달고 나에게로 기우는 계곡물 소리 오래된 숲이 있다. 노을과 작별을 나누는 홍정계곡의 끄트머리 집, 풀벌레 울음 띄우고 별 하나 일찍이도 불러내던, 그 길 따라 나서면 팽창하던 계곡물 소리 내 안에 갇힌 얼룩 씻으며 떠내려간다.

늦은 가을바람 상처 많은 풀꽃 안쓰러워하며 지나갈 때 지친 계곡물 소리 등 굽은 산등성이에 한숨 얹어놓고 너도밤나무 촘촘한 휴식 속으로 들어와 숲과 마을의 간격을 좁히며 뒤를 따른다. 숲을 넓혀온 저녁은 자꾸 무릎 꿇고 기도하는 새 소리 풀벌레 소리, 집에 두고 온 의족의 굽 소리를 떠나보내며 무수한 길들을 소리와 소리 사이에서 생겨나게 하고 이어지게 했다.

세상사는 일 혼자서 모질게 버티고도 아직 굽은 마음 있어 그곳 향해 자꾸 걸어가다 보면 그늘진 마음 덩달아 이슬도 되고, 저녁 어우르는 달빛도 되고, 밤이 내려오는 동안 안개도 되고 별도 되던 곳

초록의 나라

오월은 초록이에요
산과 바다 모두 초록만 살아요
초록으로 젖은 눈들은 모두 하늘에 닿아요
초록은 길이에요

◉ 해설 ◉

모순의 시학

박찬일(시인)

김효경의 시세계를 특징짓는 말들로 '딴청의 시학', '파편의 시학', '모순의 시학', '어깃장의 시학', '그로테스크의 시학' 등을 들 수 있다. '딴청의 시학', '파편의 시학', '모순의 시학', '어깃장의 시학', '그로테스크의 시학' 들은 전부 인접의 관계에 있는 시학들이다. 하나로 요약하면 '모순의 시학'이라고 할 수 있다. 먼저 「계단 위의 파도」를 보자. 전문이다.

봄비 내리던 날
변두리 미장원엘 가서 머리를 자르고
추위를 자르고, 시선을 자르고
이기심을 자르다가
기죽지 않고 나부끼는 바람을
대견스럽다 생각하면서
나뭇가지에 앉은 빗방울의 둥근 무늬를
유난히 쓰다듬고 싶어진다
허리 굽은 하루가 또 멀어져 간다
발길은 산을 오르고
안개는 왔던 길을 지워버린다
오늘도 타협과 손잡지 않으려 몸서리치다

자폐증 환자처럼 정적을 빼 먹고
회색빛 도시를 진통제 삼키듯 꿀꺽 삼키며
변두리 미장원에서 머리를 자른다
바다 냄새를 맡아 본 지가 언제였던가
부피만 커진 몸뚱이가 계단을 오르다
쪼그려 앉은 파도소릴 건넌다
맨발로 아침을 걸어 본 적이 언제였던가

일곱 번째, 여덟 번째 행 "나뭇가지에 앉은 빗방울의 둥근 무늬를 /유난히 쓰다듬고 싶어진다"는 이해가 간다. 바로 위에서 "기죽지 않고 나부끼는 바람"이 "대견스럽다"고 했기 때문이다. '기죽지 않고 나부끼는 바람이 대견스럽다'면 '나뭇가지에 앉은 빗방울'도 대견스러운 것이다. 역시 '쓰다듬고 싶어진다'. 문제는 그 아래의 "오늘도 타협과 손잡지 않으려 몸서리치다"부터이다. 시적 화자는 기죽지 않고 나부끼는 바람에서 '타협하지 않는 태도'를 보았을까. 문제는 더 아래에 있다. 시적 화자는 지금 "변두리 미장원에서 머리를 자"르고 있다. 그런데 갑자기 "바다 냄새"를 말하고 있다. 압권은 맨 끝 두 행이다. "파도소릴 건넌다"고 하다가 뜬금없이 "맨발로 아침을 걸어 본 적이 언제였던가"라고 딴청을 피우고 있다. 물론 [맨발로] 파도소릴 건너는 것에서 맨발로 아침을 걷는 것을 연상한 것일 수 있다. '딴청의 시학'은 자유연상과 멀리 있지 않다. 자유연상은 럭비공처럼 아주 엉뚱한 곳으로 튀는 '의식의 흐름'에 대한 다른 이름이기 때문이다. '아주 엉뚱한 곳'은 보기에 따라 '딴청'이라고 할 수 있다.

'딴청피우기'는 「시의 뼈」에서 노골적으로 개진되고 있다.

철로 옆 개천가 미루나무엔 산비둘기 한 마리 날아와 구슬프게 울기 시작했어 동무들은 팽이치기와 독잡기놀이*에 바빴지만 나는 미루나무 그림자와 노는 시간이 많아졌지 노을에 시선을 빼앗긴 채 서녘 하늘을 서성거리는 버릇이 생겼어 열쇠가 채워진 일기장을 뒤적이면서 지도에도 없는 성을 찾아가곤 했어 […]

*독잡기놀이 : 공기놀이와 비슷한 놀이

―「시의 뼈」 부분

외톨이의 모습이 개진되고 있다. "동무들"이 "팽이치기와 독잡기놀이"를 하는 시간에 시적 화자는 "미루나무 그림자"와 논다고 하였다. "노을에 시선을 빼앗긴 채 서녘 하늘을 서성거"린다고 하였다. "열쇠가 채워진 일기장을 뒤적"인다고 하였다. "지도에도 없는 성을 찾아"간다고 하였다. 주목되는 것은 '딴청'이 절대적 공간, 비현실적 공간, 혹은 비밀의 공간과 관계있다는 것이다. 열쇠가 채워진 일기장, 지도에도 없는 성이 비밀의 공간이고, (미루나무) 그림자가 비현실적 공간이고, 서녘 하늘의 노을이 절대적 공간이다. 김효경에게 딴청은 詩 그 자체인지 모른다. 일상의 삶에 딴청을 부리는 것이 詩로 인식되고 있는 것인지 모른다. 위 인용문의 제목이 「시의 뼈」였다. '시의 뼈'는 '詩의 본질'의 다른 말. 詩의 본질을 딴청부리기로 한 것으로 보는 것이다.

김효경의 이번 시집의 또 하나의 특징으로 '파편의 시학'을 들 수 있다. 파편의 시학은 '대도시시'의 주요 테크닉이다. 대도시는 파편으로만 인지할 수 있기 때문이다. 종합적으로 인지하는 것이 불가능하기 때문이다. 이를테면 「민들레 웃음」에서

파산신고 서류 정리하고
아파트 담보 서류 가방에 챙겨
고개 떨어뜨리고 들어간 203호 아저씨

가재도구 깨지는 소리와
울음소리로 아파트를 정전으로 몰고 간
806호 부부

암에 걸린 아버지 간호하려고
병원으로 거처를 옮긴 1002호 어둠

엄마는 노래방 도우미, 아빠는 대리운전기사
1004호

라고 했을 때 203호, 806호, 1002호, 1004호는 파편들로서(혹은 부분들로서) 제시된 것이다. 전체가 제시된 것이 아니다. 이들에게만 '근심'이 지배하고 있는 것도 아닐 것이다(203호, 806호, 1002호, 1004호에서 일어난 일들은 시적 화자의 상상일 수 있다). 전체를 조망할 수 없을 때 흔히 쓰는 파편의 시학은 몽타주(혹은 콜라주)와 밀접한 관련이 있다. 이를테면 "파산신고 서류", "가재도구 깨지는 소리", "암에 걸린 아버지", "엄마는 노래방 도우미, 아빠는 대리운전기사"들이 시 한 편을 몽타주(혹은 콜라주)하고 있다고 할 수 있다. 파편의 시학(혹은 몽타주의 시학)과 앞에서 언급한 딴청의 시학 또한 서로 멀리 있지 않다. 딴청이 파편적이고 파편이 '딴청적'이다.

> […] 바위를 보면서 누군가를 사랑하면 그 큰 덩치도 한 아름에 다 품을 수 있다는 것도 알았다. 새들이 바다를 윤회하는 동안 안개는 하늘도 지우고 바다도 지웠지마는 따슨 별빛 품고 있는 괭이갈매기 울음까지는 지우지 못한다는 것을 알았다
>
> —「흔들릴 때마다 불의 흔적을 본다—독도」

"누군가를 사랑하면 그 큰 덩치도 한 아름에 다 품을 수 있다는 것도 알았다"와 "새들이 바다를 윤회하는 동안 안개는 하늘도 지우

고 바다도 지웠지마는 따슨 별빛 품고 있는 괭이갈매기 울음까지는 지우지 못한다는 것을 알았다"는 '문장시학적' 으로 모순이다. 후자는 예외를 인정하고 있고, 전자는 예외를 인정하지 않고 있다. 역시 거듭된 '딴청의 시학' 으로 볼 수 있고, 광의의 의미에서의 모순어법으로 이해할 수도 있다.

'어깃장의 시학' 도 있다. 주목되는 것은 「시월의 숲」의 다음과 같은 구절이다.

> 세상사는 일 혼자서 모질게 버티고도 아직 굽은 마음 있어 그곳 향해 자꾸 걸어가다 보면 그늘진 마음 덩달아 이슬도 되고, 저녁 어우르는 달빛도 되고, 밤이 내려오는 동안 안개도 되고 별도 되던 곳

"세상사는 일 혼자서 모질게 버티고도 아직 굽은 마음 있어 그곳 향해 자꾸 걸어가다 보면"이 문제이다. '그곳' 은 문맥상 "시월의 숲"이라고 할 수 있으나, 또한 '굽은 마음' 자체라고 할 수 있다. 굽은 마음을 굽은 마음 그대로 받아들이려고 한 것으로 보는 것이다. '그곳' 을 문맥상 '시월의 숲' 이라고 하면, '숲' 의 굽은 길이 굽은 마음을 표상한 것이라고 하면, 굽은 길을 걸어 굽은 마음을 극복하려 한 것으로 볼 수 있다. "그늘진 마음"이 "이슬도 되"고, "저녁 아우르는 달빛도 되고", "안개도 되고", "별도" 될 수도 있다고 한 것을 굽은 마음이 펴진다고 한 것으로 볼 수 있다.

모순의 시학, 혹은 어깃장의 시학은 「잠시 멈추어 서다」에서도 나타난다.

> 철둑길에 떨어뜨린 개망초의 눈빛도
> 수인선 간이역에서 서걱이던 억새의 울음도
> 모서리가 기울어진 창가로 내리치던

빗줄기의 아픔도 따뜻했노라고
뜰 안 가득 풍경 흔들며 바람이 인다
건널 수 없는 시간을 덩그렇게 놔두고
나는 또 다시 기억의 빗장을 건다
어느새 처마 끝에 눈물이 매달리고
우산이 길을 메운다

—「잠시 멈추어 서다」 부분

과거를 따뜻하게 기억하고 있다. 그런데 "건널 수 없"다고 생각하고, 돌이킬 수 없다고 생각하고, "기억의 빗장을 건다"고 하였다. 따뜻한 것을 막겠다고 한 것이다. 모순이다. 따뜻한 것을 막겠다고 하는 사람은 어떤 사람인가. '모순'으로, 혹은 어깃장으로 설명할 수밖에 없다. 혹은 인생 그 자체의 모순을 반영한 것이라고 할 수 있다. 삶과 죽음이 극명한 모순 관계에 있다. 따뜻한 것에 빗장을 지르는 것은 삶과 죽음의 모순에 비하면 사소한 모순일 수 있다. 사소한 어깃장일 수 있다.

떨어진 낙엽 한 잎 주워
나무에 가만히 얹어 본다

—「단풍, 물들어가는」 부분

이라고 한 것도 어깃장의 시학이라고 할 수 있을까 "떨어진 낙엽"을 인정하지 않겠다는 것이다. 자연의 섭리를, 세월의 논리를, 인정하지 않겠다는 것이다. 그러나 어깃장은 어깃장이다. 어깃장 부린들 낙엽이 다시 살아날 리가 없다. 그러나 어깃장 같은 용기가 없으면 어찌하리. 세상은 어깃장 같은 용기(?)가 살아가게 하는 줄 모른다. 혹은 살아낼 수 있게 하는지 모른다. '종말이 오는 것을 뻔히 알면서 왜 사나?' 라는 물음에 대한 대답은 어깃장 그 자체인 줄 모른다. '어깃장으로 산다!' 다음의 구절도 '어깃장'을 생각나게 한다.

인생은 왕복 차표를 발행하지 않는다는
로망 롤랑의 시구를 읽으며
싸리 꽃바람 익어가는 울타리 옆에 앉아
시간의 궤도를 달린다
후박나무 우거진 길을 출렁거리며 하늘거리며

—「동구 밖 햇살」 부분

세 라 비 C'est la vie!

딴청의 시학, 파편의 시학, 모순의 시학, 어깃장의 시학은 또한 그로테스크의 시학과도 인접의 관계에 있다.

전쟁의 아우성을 멈춘
동두천 평화박물관
전시된 군용차 안에서
아이들이 놀고 있다

알고 있을까
타고 노는 군용차가
전쟁의 불구덩이에서
살아남은 잔재라는 걸

—「평화박물관 풍경 속 노시인」 부분

"전쟁"과 "평화박물관"의 관계가 그로테스크하다. 특히 "군용차"와 "아이들"의 관계가 그로테스크하다. 군용차는 "전쟁의 불구덩이에서 살아남은 잔재"이기 때문이다. 아이들은 군용차가 전쟁의 잔재라는 것을 모른다. 그로테스크 역시 인생의 반영이라고 할 수 있다. 앞에서 삶과 죽음의 관계가 모순의 관계라고 했지만 삶과 죽음의 관계를 또한 그로테스크의 관계라고 할 수 있다. 갑충으로 변한 그레고르 잠자와 가족들의 관계를 그로테스크의 관계라고 하는 것처럼.

「이별, 그 이후」에서도 그로테스크의 시학을 말할 수 있다.

햇빛과 그늘 사이
구름과 비 사이
미움과 증오 사이
그리움과 무관심 사이

―「이별, 그 이후」 부분

"햇빛과 그늘", "그리움과 무관심"은 대립 관계에 있다고 할 수 있다. 그러나 "구름과 비", "미움과 증오"는 대립의 관계가 아닌, 인접, 혹은 대체의 관계에 있다고 할 수 있다. 그로테스크하다. 대립의 관계와 '인접, 혹은 대체의 관계'에 있는 것들을 병렬해 놓은 것이. 보통 비슷한 관계에 있는 것들을 나열한다. 대립의 관계에 있든, 인접·대체의 관계에 있든.

이번 시집에서 또 하나의 수작은 「이명耳鳴」이다. 남자/여자의 모순에 대한 고찰을 담고 있다. 시적 화자의 말을 빌면 "여자라는 이름의 유전자"에 대한 고찰이다.

팽팽한 시간을 잡고 있다가 놓는다
시간이 탱~
소리를 내며 튕겨나간다
숟가락 놓기 바쁘게 그릇들 움직인다

칙칙 압력 밥솥은
무심한 소리를 수증기로 날리고
세탁기 돌아가는 소리
청소기 돌리는 소리
커피포트 물 끓는 소리
우 우 —
햇빛인 듯도 하고
물결인 듯도 한

여자라는 이름의 유전자로 굳어
귓속을 떠도는 이명耳鳴

—「이명耳鳴」 전문

"압력 밥솥"이 "수증기로 날리"는 "소리", "세탁기 돌아가는 소리", "청소기 돌리는 소리", "커피포트 물 끓는 소리"가 아마 "이명耳鳴"을 만든 모양이다. 시적 화자는 이것을 여자라는 이름의 유전자 때문이라고 하고 있다. 뉴튼의 인과론적 세계관과 무관하지 않은 DNA 나선형 구조의 결정론적 세계관이 시詩 「이명耳鳴」에 반영되었다고 할 수 있다.

삶과 죽음의 모순은 「최씨네 염전 이야기」에서 나타난다. '산 사람은 산 사람, 죽은 사람은 죽은 사람, 산 사람은 살아야지' 라고 보통 말한다.

바람의 질책을 받으며 최씨는 당글개를 들고
비틀비틀 염전으로 향한다
허리 통증이 염전 바닥에 깔린
사각 틀 속으로 스며들더니 이내
눅눅한 소금기를 드러낸다

"저놈의 술 귀신은 왜 안 잡아가는 겨"
며칠 전 황천길에 보냈던
마누라 악다구니를 귓전에 흘리며
응고 되지 않는 가난을 달래며
귀퉁이 물부터 훑는다
[…]
아내의 흰 무덤 곁으로
시름시름 기어오른다

"최씨"는 살아남았다. ""저놈의 술 귀신은 왜 안 잡아가는 겨""라고 "악다구니" 쓰던 "마누라"는 죽었다(이것도 모순이다). 최씨는 산 사람답게 '하던 일'을 계속한다. 소금 채취가 최씨가 하는 일이다. 최씨에게 그러나 삶과 죽음의 모순은 납득되기 어려웠던 듯. 최씨는 일을 끝내고 "아내의 흰 무덤 곁으로/시름시름 기어오른다". 무덤에 자주 가는 사람들은 삶과 죽음의 모순을 납득하기 어려워하는 이들이라고 말할 수 있다. 무덤에 자주 가는 최씨를 삶과 죽음의 모순을 납득하기 어려워하는 이들에 대한 알레고리라고 할 수 있다.

절대적 이미지의 시들에서도 모순의 이미지들이 병존하고 있다(김효경의 이번 시집에서는 상대적 이미지의 시들보다 절대적 이미지의 시들이 두드러진다. 「최씨네 염전 이야기」 등이 예외에 해당된다).

꽃들은 나른한 오후를 걷고
영화 속 주인공들은
스피드 게임을 즐기고
스낵코너 창가에 핀 바이올렛이
느릿느릿 햇살 읽으며
시집 한 권 입력하는 한나절
바람개비가 돈다

—「시계 속의 길」 부분

"나른한 오후"와 "스피드 게임"의 병렬이 모순의 구조이다. 혹은 변증의 구조이다. '스피드 게임'과 "느릿느릿 햇살 읽으며"의 병렬이 모순의 구조이다. 혹은 변증의 구조이다. '느릿느릿 햇살 읽으며'와 "바람개비가 돈다"의 병렬이 모순의 구조이다. 혹은 변증의 구조이다.

상호 긴밀한 내적 긴장관계가 없는 시들을 보고 보통 병렬 양식의 시들이라고 한다. 대도시시들이 보통 병렬양식이다. 병렬양식의 하위 개념으로 파편, 몽타주, 콜라주, 그로테스크들이 있다. 병렬양식도 모순(혹은 변증)과 인접의 관계에 있다. 상호 긴밀한 내적 긴장관계가 없는 것들의 병렬이기 때문이다.

말
플롯
에이런*
카타르시스
빗방울 소리
아이들 웃음소리

*N.프라이의 '비평의 해부'에서 희극의 유형적인 인물로 외형상 약하고 겸손하고 못난 체하지만 영리한 인물.

―「가을이 걸어가는 길에는」 부분

"말", "플롯", "에이런", "카타르시스", "빗방울 소리", "아이들 웃음소리" 사이에는 상호 긴밀한 내적 긴장관계가 존재하지 않는다. 말, 플롯, 에이런, 카타르시스, 빗방울 소리, 아이들 웃음소리들은 병렬의 관계에 있다. 순서를 바꾸어도 무방하다. 병렬양식은 '현대성'의 반영이다. 중요한 것(?)과 중요하지 않은 것을 구분하지 않는 '대중문화의 현대'가 병렬양식을 낳았다.

「타클라마칸에서 온 메시지―낙타」를 언급하지 않을 수 없다.

갈증이 남아 있다는 건
내가 살아갈 수 있는 유일한 힘이다

사막의 갈증을 저장하는 일도 내 몫이라
모래 바람의 경전을 풀어야만 한다

어느 날엔가 그래, 그렇게

당신이 보일 때면
내 몸의 우물을
긷게 될 것이다

—「타클라마칸에서 온 메시지—낙타」 부분

아이러니와 역설들은 시의 중요한 수사법들이다. "갈증"과 "힘"의 관계는 아이러니의 관계이면서 또한 역설의 관계이기도 하다. 갈증은 정말 힘을 줄 수 있기 때문이다.

사실로 말하면 "모래 바람의 경전"을 풀어내는 것이 시적 화자의 '갈증' 으로 보인다. "당신"을 찾아내는 일이 시적 화자의 갈증으로 보인다. 모래 바람의 경전, 혹은 당신은 삶의 의미, 삶의 비밀, 혹은 절대자에 대한 메타포로 보인다. 삶의 의미를 찾기 위해, 삶의 의미를 풀기 위해, 절대자를 만나기 위해, 시인은 사막을 걷고 있다, "낙타"처럼. '詩를 살고 있다' 고 할 수 있다. 종국에는 "내 몸"에서 "우물을/긷게 될 것이"라고 하였다. 수작이다.

김효경의 딴청의 시학, 파편의 시학, 모순의 시학, 어깃장의 시학, 그로테스크의 시학들은 이미 앞의 시집, 『바람의 약속』(2000), 『햇빛 모자이크』(2004)들에서 예고되었던 것들.

언젠가 뜬 눈으로 터득한
거꾸로 사는 법

—「거꾸로 사는 법」 부분(『바람의 약속』)

거꾸로 사는 것은 거꾸로 보는 것, 거꾸로 인식하는 것과 같다. 詩는 거꾸로 인식하는 것이라고 할 수 있다. 아이러니, 역설, 생소화 효과 등은 시의 주요 세목들이다.

하루 종일내 새 떼 쫓다 돌아와
눈 붙이시는 어매는

꿈속에서도 새 떼를 쫓는지
허수아비 춤을 추고 있었지.

—「허수아비 춤」 부분(「바람의 약속」)

문제는 "허수아비 춤"이다. 허수아비 춤은 춤이 아니기 때문이다. 관객을 불러들이는 보통의 춤이 아니라, 관객을 쫓아내는 '이상한 춤' 이기 때문이다. 이상한 춤이 '詩' 와 인접의 관계에 있다. 詩는 정상이 아니라 異狀에 더 가깝다. '허수아비 춤' 은 모순(어법), 혹은 모순의 시학에 해당된다.

두 번째 시집 『햇빛 모자이크』에서도 이 점에서 주목되는 부분이 있었다. 전기철 도 '해설' 에서 인용했던 「46억 년 전부터」이다.

부처와 예수의 눈을 속이고
너와 나, 늘
바람과 한통속이 된다.

—「46억 년 전부터」 부분

詩는 "부처"의 눈을 속이고 "예수의 눈을 속이"는 것이라고 한 것이 절묘하다. 그럴지 모른다. 詩는 부처의 눈을 속이고 예수의 눈을 속일 때 비로소 詩가 되는 것인지 모른다. "바람과 한 통속이 된다" 고 한 것도 주목된다. 바람은 '변화의 바람' 이기 때문이다. 바람에는 동서남북 각각에서 불어오는 바람에서부터 동남풍 남서풍 서북풍 북동풍 등 수없이 많은 방향에서 불어오는 바람이 있기 때문이다. 바람의 본질 중의 하나가 변화라는 점에서 바람은 詩와 한통속이다. 일상의 문법을 깨뜨리는 것이, 즉 딴청의 시학, 모순의 시학, 어깃장의 시학, 그로테스크의 시학이 詩의 주요 항목들이기 때문이다.